Decisiones:
Muerte, vida y migración

Chi ⦂‖ B'ak'tun, ⊘ K'atun, ⦂∣ Tun, ⦂∣ Winaq, ⦂‖∣ Q'ij.
Chi ⦂‖ No'j, ‖∣ Sip, Chi Iximulew.

Guatemala, 25 de mayo de 2021

Decisiones:
Muerte, vida y migración

Dr. Patricia Rumer

Traducción: Ivonne Saed

Chi Iximulew - Guatemala C. A.

La autora ha escrito los eventos y conversaciones en este libro de la mejor manera posible, aunque algunos nombres y detalles se han modificado para proteger la privacidad de las personas.

Título original:
Choices: Death, Life and Migration
Copyright © 2018 Patricia Rumer
Copyright de la traducción © 2019 Ivonne Saed
Copyright de esta edición © 2021 PatriciaRumer
                                        y Editorial Maya' Wuj

Patricia Rumer
pjrvocera@gmail.com

Primera edición en pasta blanda: ISBN 978-0-578-76881-6

Fotografía en la página 11: Joene Pike
Fotografía en la página 24: Marjorie King
Fotografía en la página 46: Randall Shea
Diseño editorial: Ivonne Saed
Ilustración «Migrar no es delito»: Mark Slatin

www.justiceactivist.com

Dedicatoria

Este libro está dedicado a los valientes hombres, mujeres y niños que arriesgaron sus vidas para viajar a los Estados Unidos, así como a la inquebrantable gente que nunca ha dejado de trabajar por la justicia en Guatemala.

Todas las regalías por la venta de este libro se donarán al Programa de Migración y Mobilidad Humana en América Latina y el Caribe del American Friends Service Committee (AFSC), con presencia en el norte de Centroamérica y México.

Nota de la traductora

Como sucede prácticamente en toda traducción del inglés al español, al trabajar en este libro me encontré ante la disyuntiva de si usar el genérico plural masculino, natural del español, cuando la autora se refiere a un número de personas indeterminado que incluye a gente de géneros diversos o buscar formas alternativas como «las y los» o «ellos y ellas». Al discutir las opciones con la autora, ambas coincidimos en que dichas locuciones le restan fluidez al texto y distraen a quien lee, alejándole del contenido.

También consideramos otras formas, como el uso de las letras «e» o «x» para sustituir la «o» genérica o incluso «@», pero estas nos parecieron extrañas unas, impronunciables otras y, en cualquier caso, también correríamos el riesgo de distraer a nuestra audiencia.

Dado lo anterior, decidimos neutralizar el género en la versión en español cuando el texto lo ha permitido sin riesgo de enrarecerse, y conservar el plural masculino genérico de la lengua española en instancias en las que la lectura perdería fluidez al neutralizarse.

—Ivonne Saed

Contenido

Agradecimientos .... 𝔻 xi

Prefacio .... 𝔖 xii

Introducción............................. 𝔈 xiv

Muerte y zopilotes...............................
El tiradero de basura y el cementerio............ · 1

Velorio guatemalteco............................. | 5

La tierra sagrada .... ⫶| 9

General Efraín Ríos Montt............................. ⫶‖ 14

¿Quién es «él»?.............................
El lamento de las viudas de Ixil...................... ·‖| 16

Día de los muertos.............................. ⫶‖| 18

¡Bienvenida a los Estados Unidos! .... ·⫶ 22

Acompañamiento..............................
Una amiga guatemalteca................................. ·‖ 30

¡Convertirse en indocuángel! .... · ⫶‖| 37

Cruzar fronteras ....
¿Migración o inmigración?............................ ⫶⫶ 44

El acompañamiento continúa .... ⫶⫶ 53

La autora .... ⫶ ·‖| 56

Recursos adicionales en Guatemala.................... ⫶ ⫶‖| 58

Recursos adicionales sobre inmigración............ ⫶ · 61

Agradecimientos

Gracias a Los Porteños por su amistad, apoyo y oportunidades creativas en las que compartí varias de estas historias.

El poema ¿Quién es «él»? se publicó en el número de marzo/abril de 2014 del periódico bilingüe Tribuno del Pueblo en Chicago, Illinois.

Agradezco a mis mentores y maestros: Esther Elizabeth Armstrong, Jen Violi, Lawson Fusao Inada, Martha Gies y Kim Stafford, así como a los demás participantes del taller.

Gracias a mi editora, Carolyn Lane.

Gracias especiales a mi asistente de proyecto, Mark Slatin, quien condujo la investigación, creó los gráficos y diseñó la maquetación de la versión original en inglés. Su trabajo ha realzado la calidad de este libro.

Agradezco profundamente a mi hermana, Connie Rumer, y a mi hija, Deborah Sposito. Ellas han leído mis historias, las han criticado amorosamente y siempre me han alentado a compartir mis memorias.

Gracias a Joene Pike por la foto de Manuel y Carlos en la página 11, a Marjorie King por la imagen en la cocina de la Casa Alitas en la página 24 y a Randall Shea por la imagen de los estudiantes de básico en la página 46. El resto de las fotos son de mi autoría.

Prefacio

Las historias de Decisiones: Muerte, vida y migración surgen de mis casi cincuenta años de vivir dos vidas paralelas: una en Guatemala y la otra en los Estados Unidos. La primera vez que fui a Guatemala en 1969 yo era una joven voluntaria estadounidense con el American Friends Service Committee y vivía en una pequeña aldea indígena en el altiplano del norte. En esa época solamente una persona de la aldea tenía a un pariente viviendo en los Estados Unidos. Para 2010 alrededor de la mitad de los aldeanos tenía un miembro de su familia viviendo en el norte. Así funciona la migración.

En la primavera de 2012 me uní a Los Porteños, un grupo de escritores latinos en Portland, Oregon. Mi intención era escribir rodeada de gente apasionada por la cultura e historia de América Latina. Mi participación en Los Porteños me hizo asumir el desafío y me dio la inspiración para recordar y escribir acerca de mi doble vida y, especialmente, para compartir las historias de la fuerte e inquebrantable gente que he conocido en Centroamérica y en los Estados Unidos.

En el verano de 2014 acababa yo de regresar de una estancia de tres meses en Guatemala, donde había estado trabajando en las memorias de mi trayectoria a favor de la justicia, misma que comenzó muchos años antes en ese país. A partir de conversaciones con amigos guatemaltecos y a partir de la lectura de los diarios locales me enteré del sostenido aumento de la violencia por el narcotráfico y la violencia contra las mujeres. Las tasas de desempleo, especialmente entre adultos jóvenes, habían aumentado y el 85% de la población indígena vivía en extrema pobreza. Por eso no me sorprendí cuando el primer grupo de jóvenes centroamericanos ingresó a los Estados Unidos buscando escapar de esas condiciones para sentirse a salvo.

Lo que sí me sorprendió y horrorizó fue la reacción de la administración de Obama. El gobierno retuvo a los jóvenes en grandes centros de detención de concreto en Texas o instantáneamente los deportó de vuelta a los peligros del país del que acababan de escapar. Yo estaba furiosa y frustrada. Quería hacer algo.

Algunos meses más tarde, en el invierno de 2015, puse a un lado el proyecto de mi libro para enfocarme en trabajar por la justicia en la frontera. Sin embargo, uno de mis mentores literarios me dijo recientemente: «Pat, nos debes [este] libro. Cuéntanos tus historias sobre los centroamericanos que han enriquecido y cambiado tu vida.»

Estas historias son reales; solo he cambiado los nombres de los inmigrantes para protegerlos, ya que para ellos es un asunto de vida o muerte. Cada una de estas decisiones forman parte de una u otra narración de este libro.

Como mujer blanca, estadounidense y de clase media, he tenido el privilegio de viajar con un pasaporte estadounidense. Tengo muchas identidades: activista por la justicia social, bloguera, periodista, observadora de derechos humanos, acompañante de migrantes, maestra y amiga. Estas identidades son la lente y yo soy la emisaria que brinda su voz a las personas que, con su entereza, toman decisiones difíciles cada día para migrar al norte o para quedarse y luchar por una mejor vida en Centroamérica. Ya sea que emigren o permanezcan, estas personas se enfrentan a duros desafíos que amenazan sus vidas.

Los inmigrantes son personas como tú y como yo. Quieren vivir, criar a sus hijos en un medio ambiente seguro y brindar a estos oportunidades educativas que los encaminen hacia una vida mejor. Dado que no es posible cumplir estos sueños en muchas partes de Centroamérica, mucha gente emigra al norte con la esperanza de reunirse con la familia que ya tiene en los Estados Unidos. A pesar de esta época de dolorosas, perturbadoras e inhumanas políticas migratorias en los Estados Unidos, sus historias pueden ofrecer esperanza en cuanto a la manera en que podemos dar la bienvenida al forastero.

Introducción

Decisiones: Vida, muerte y migración es una colección de historias escritas a lo largo de varios años, todas ellas reunidas a partir de mis experiencias al estar inmersa en la cultura guatemalteca. En la primera sección quise mostrar partes de la cultura que poca gente conoce o de la que no se sabe mucho, incluyendo las decisiones que las personas se ven obligadas a tomar. Cada una de estas historias se relaciona con un tiempo, lugar y personas que encontré conforme me adentraba y me movía en Centroamérica, empezando en 1969 y continuando hasta el día de hoy.

«Día de los muertos: *Death is for the Living*» comprende poemas e historias sobre Guatemala que presenté en eventos anuales del Día de los Muertos, organizados por Los Porteños, en Portland, Oregon.

• «Muerte y zopilotes» viene de una visita al cementerio en la Ciudad de Guatemala durante una licencia de estudios en la que me encontraba investigando para un libro de mayor volumen acerca de mi participación en Guatemala durante cuarenta y cinco años.

• «Un velorio guatemalteco» refleja muchas experiencias y ocasiones de aprendizaje durante mi estancia de dos años en Guatemala, trabajando en desarrollo comunitario con mi esposo Carlo.

• «La tierra sagrada» la escribí después de visitar Santa María Tzejá, Ixcán, Guatemala, como miembro de una delegación de la iglesia para ciudades hermanas.

• El poema «¿Quién es «él»?» surgió de mi participación en una delegación estadounidense de la Guatemalan Human Rights Commision/USA en la región de Ixil, en la que escuché de viva voz a algunos sobrevivientes del conflicto armado.

La segunda sección, «¿Migración o inmigración? Migrar no es delito» es acerca del candente problema de inmigración e incluye relatos de inmigrantes centroamericanos con los que trabajé en Arizona. Otra historia en esta sección ofrece una perspectiva guatemalteca sobre migración, mientras que la última pieza cuestiona lo que podemos hacer nosotros en los Estados Unidos.

- «¡Bienvenida a los Estados Unidos!» refleja las narraciones que escuché de mujeres durante el Proyecto de Visitas al refugio Casa Alitas en Tucson, Arizona y al Centro de Detención en Eloy, facilitado por Casa Mariposa.

- «Acompañamiento» se trata de una mujer de la que me hice amiga en el Centro de Detención Eloy, en Arizona, hasta su liberación.

- «Convertirse en indocuángel» explora la manera en que los ciudadanos estadounidenses pueden apoyar a los inmigrantes indocumentados.

- «Cruzar fronteras» es el resultado de otro viaje a Santa María Tzejá como miembro de la delegación de la iglesia para ciudades hermanas, con el fin de ahondar en la manera en que los guatemaltecos ven el tema de la migración.

- «El acompañamiento continúa» es un llamado a involucrarse, con recomendaciones específicas basadas en mi propia experiencia como acompañante de inmigrantes.

Muerte y zopilotes

⚔ ⚔ El tiradero de basura y el cementerio ⚔ ⚔

Ciudad de Guatemala, Guatemala, 2014.

La mujer está de pie del otro lado del barranco, mientras que remolinos de buitres giran y bajan en picada. Una estela de zopilotes se cierne sobre el barranco, a la altura del tiradero de basura. Ellos están aquí por la comida, mientras que ella está aquí para ser testigo como parte de una delegación en defensa de los derechos humanos. Los buitres se elevan y zambullen dentro del tiradero en busca de algo para comer o mordisquear.

A un lado del tiradero está el cementerio, lleno de muertos en pequeñas casas. Ella puede ver la brecha entre los ricos y los pobres, igual en vida como después de la muerte. Los ricos construyen hogares rebuscados para hospedar a sus muertos. Los pobres compran una caja o un nicho en el mausoleo; las flores cuelgan de estos como un edificio de apartamentos ricamente decorado. Una amiga le explica el sistema: cuando no tienen dinero, los pobres rentan el espacio y pagan mensualmente. Si dejan de pagar una cuota se retiran los restos y se entierran en una fosa común. Los familiares eligen entre una sepultura y pagar su renta y alimento. Incluso después de la muerte hay un plan de prepago.

¿Cómo puedes honrar a tus muertos en su día si sus restos han desaparecido? ¿Siguen las personas visitando el nicho e ima-

ginando que su ser querido sigue ahí? ¿Cómo pueden recordar a sus seres queridos en este cementerio con vista al tiradero de basura y con zopilotes dando vueltas como sombras de la muerte?

A la orilla del cementerio hay un barranco profundo. Es un enjambre de actividad: enormes camiones amarillos se forman en línea para tirar sus desechos, la gente sigue a los camiones para ver si llevan algo de valor y levantan la mano para indicar que este camión les pertenece. Desde arriba, en la colina, los que recogen basura se ven pequeños en contraste con los enormes montículos. Algunos llevan grandes bolsas de desperdicios reciclados que han recuperado y otros siguen hurgando entre los desechos. La fila de camiones es interminable. Huele a basura podrida y ella se imagina cuerpos podridos. La mujer se cubre la nariz con un pañuelo atado alrededor de su cara. Se tiran los desechos y los zopilotes bajan en picada y se sumergen. Ella ve a un grupo de buitres en una colina cercana. Se ven como gnomos inclinados hacia adelante, hablando unos con otros.

Es el otro extremo del consumismo: botellas de plástico, bolsas de papel y cajas, viejos colchones y muebles; la muerte de las cosas, no de las personas. La basura que ella tira en su cuarto de hotel acaba aquí. Si ella no consume, no hay basura, ¿o quizás menos?

Los que recogen basura son empresarios. Conocen el precio de toda la basura en una economía de mercado. Algunos se especializan en joyería y otros, los buzos, literalmente se sumergen en las pilas de desechos para buscar cosas más valiosas. Ella ve a los hombres y mujeres, con pañuelos atados alrededor de sus rostros y con bolsas de plástico que les cubren los zapatos. Hay manos que buscan cosas valiosas entre los desperdicios. Una vez un hombre encontró un diamante enorme. Desde entonces aumentó el número de buzos de joyería.

Ella está templada por lo que ha visto: los olores, los jardines muriendo en el mausoleo, la carne y productos alimenticios en proceso de putrefacción y el exceso que la gente tira para que otros lo rescaten. El cementerio está en la colina con vista al tiradero de basura en una barranca enorme: muchas formas de muerte.

Los zopilotes están contentos porque hay putrefacción en abundancia para hurgar. Es una escena macabra, pero al imaginarse a las familias en el Día de los Muertos, con la comida y cobijas que traen, comiendo, cantando, bebiendo y hasta bailando entre las casitas, se da cuenta de que el lugar está lleno de vida. Cuando se vayan las familias los zopilotes tendrán su propio festín.

Velorio guatemalteco

San Francisco la Unión, Guatemala, 1970

Le di un codazo a Carlo, mi esposo.

—Alguien está golpeando la puerta. Ve tú, yo estoy calientita en la cama. ¡Carajo, es muy temprano!

—Don Carlo, Don Carlo —el golpeteo sigue.

—Está bien, ahí voy —abre la puerta con un tirón.

—¿Qué quieres?

Un niñito como de diez años está temblando de miedo o de frío en la puerta.

—Don Carlo, venga rápido, mi papá se cayó de un árbol y no puede hablar.

—Está bien, José, déjame vestirme. Pat, tú también tienes que levantarte.

Despacio me estiro y me despierto refunfuñando. Todavía es tiempo de lluvias, afuera está húmedo y frío en la madrugada. Tiemblo mientras me pongo mis calzoncillos largos, un suéter caliente y jeans antes de salir.

El hijo de Pedro, José, pacientemente espera parado afuera de nuestra puerta.

—¿Por qué estás aquí, José?

—Doña Paty, mi mamá dijo que ustedes sabrían qué hacer.

Mi corazón se detiene. No tengo ni la más remota idea de qué hacer.

Carlo voltea hacia mí.

—¡Haz la parada al siguiente autobús que vaya a Xela y pídele al chofer que le avise a la madre María que se le necesita!

En esta pequeña aldea no hay doctor. La madre María mantiene nuestra clínica local de salud y la gente confía en ella.

Se van y yo me quedo con el corazón abatido. ¿Y si se murió? ¿Qué va a pasar con su familia? Digo una pequeña oración en voz baja para pedir que Pedro esté bien.

Varias horas después, Carlo regresa con la mirada baja.

—Estaba mal del corazón. La caída le afectó y se murió instantáneamente.

Abrazo a Carlo y nos quedamos estrechados en silencio. El papá de José era muy joven y ya tenía cuatro hijos. José es el mayor. Después de ver a Pedro, la madre María le dice a la familia que tienen que preparar el cuerpo para el entierro tan pronto como sea posible. A pesar de que hace frío en la noche del altiplano, no hay refrigeración para conservarlo.

—Pero, madre María, tenemos que tener un velorio. Toda la familia quiere despedirse de él e invitar a sus amigos para que lo recuerden —dice Juan, el primo de Pedro.

María asiente con la cabeza.

—Todas las hermanas asistirán al velorio para mostrar su respeto por Pedro y dar sus condolencias a la familia.

—Pat, tenemos que asistir al velorio —mi corazón late a toda velocidad.

—No sé, Carlo. Nunca he visto un cadáver.

—¿Qué? ¿Cómo es posible?

—Me criaron como presbiteriana, no hacemos funerales, solamente servicios en memoria de la persona para recordar su esencia. Sin cuerpos. Y ahora, en Guatemala, ¡tú esperas que a los veintinueve años asista a un funeral y me sienta a gusto frente a un cadáver real! —se me revuelve el estómago.

Al día siguiente caminamos por una vereda angosta con laderas empinadas hacia una casa de adobe, precariamente asentada, en la ladera de una colina. Hay neblina y hace frío. Me agarro de la mano de Carlo para mantener el equilibrio y me quejo por mis pies fríos. Conforme nos acercamos a la casa de Pedro, alcanzamos a escuchar cantos y gemidos.

Un pariente abre la puerta.

—Pase, adelante —con un gesto nos indica que entremos.

No sé qué esperar. Parpadeo en la casa casi oscura. Hay un foco desnudo colgando del techo directamente sobre el cuerpo. Pedro yace sobre un tablón a la mitad de esta pequeña casa de piso de tierra. Está vestido con ropa de trabajo, pero sin zapatos, y parece que está dormido.

Saludamos a su esposa, Doña Filomena.

—Lo siento mucho —agregamos nuestras condolencias. Ella llora con la cara casi cubierta por su rebozo. Asiente con la cabeza porque no habla español.

Los hombres beben cusha, el aguardiente local. Nos ofrecen un trago: sabe a aguarrás y me quema la boca. Después de un pequeño sorbo, declino cortésmente el segundo.

Todos están ocupados haciendo algo, pero yo no soy ni pa-

riente ni local. Somos invitados. Percibo un olor a frijoles y pollo que se cocina en grandes ollas suspendidas sobre un fuego abierto en el piso. El humo sube en volutas y sale por la única ventana de la casa. Empiezo a toser por el humo y rápidamente me separo del fuego. Me topo con el tablón. ¡Ay, no! ¡Ya lo hice! Pero afortunadamente nadie parece haberlo advertido.

Dos mujeres hincadas hacen tamalitos. Carlo y yo somos más altos que la mayoría, por lo que realmente nos notamos demasiado. Me retiro hacia la pared y trato de encogerme en ella. Empiezo a respirar pesadamente y siento claustrofobia. Miro hacia todas partes menos hacia el cuerpo del muerto.

¿Por qué Carlo se siente como en casa? Él está a gusto y yo no. Agradezco su presencia y reparo en la manera en que saluda a la gente.

Pedro y el tablón están rodeados de mujeres cocinando, hombres bebiendo, niños corriendo alrededor con algunas gallinas que entran y salen. Algunas mujeres amamantan a sus bebés. Nos pasan comida en pequeños tazones: guiso de pollo con tamalitos. No sabíamos que teníamos que traer nuestros propios platos, así que la familia de Pedro comparte sus platos con nosotros.

El simple acto de compartir la comida me relaja. Ver en la sala a las familias cuidarse unas a otras me hace sentir mejor. Me doy cuenta de que hay mucha vida en medio de la muerte. El funeral es desordenado, con lamentos estridentes y cantos bulliciosos, pero irradia vida. Después de varias horas, nos despedimos y nos vamos. Queremos regresar por esa surcada vereda antes de que caiga la noche.

La tierra sagrada

Santa María Tzejá, Guatemala, 2003

Otro día caluroso y húmedo en Ixcán, un área remota en el norte de Guatemala. Manuel guía a los miembros de la delegación de la iglesia en silencio a través de la jungla hacia los campos de la muerte de su pueblo, Santa María Tzejá. Conforme nos acercamos al lugar de la masacre de 1982, a Manuel se le llenan los ojos de lágrimas.

Con voz tenue nos relata.

—Estaba trabajando en mi parcela a cierta distancia de la aldea. Mi bebé estaba llorando y mi esposa me pidió que volviera a la aldea por leche y comida. Mi hijo Carlos, de seis años, y yo nos fuimos rápido a la aldea por el sendero. Al regresar oímos tiros y corrimos hacia nuestra parcela. Luego, solamente silencio y el lastimoso llorar del bebé.

Manuel hace una pausa al contar la historia del brutal asesinato de su esposa, sus cuatro hijos, su madre y dos primos.

—¿Por qué los mataron? —pregunta. Este simple cuestionamiento directo sobre el trágico periodo en Guatemala, parte de su larga historia de violencia y muerte, es para nosotros una lección de humildad. ¿Quién sabe por qué mataron a la familia de Manuel? Ciertamente fue parte de la política de arrasamiento de Ríos Montt para desmembrar a las guerrillas y proteger a la población civil. Esta política, llamada «fusiles y frijoles», implicaba que los aldeanos tenían que escoger entre el gobierno o en contra de este. Si los aldeanos se unían a la campaña del gobierno en contra de su gente, les daban frijoles; si se oponían al gobierno y al ejército, incluso pasivamente, los fusilaban.

Manuel no sabía por qué eligieron a su aldea. ¿Sería por el padre Luis, su sacerdote progresista, o por los catequistas educados en el estudio de la Biblia desde una perspectiva liberadora, o por el hecho de que su cooperativa tenía líderes competentes? La política de arrasamiento atacó a catequistas, maestros, líderes de cooperativas agrícolas, trabajadores de salud. De hecho, cualquiera que pudiera educar y enseñar a la comunidad a organizarse.

—La guerra no es la respuesta —nos dice Manuel—. La guerra civil de Guatemala solo nos trajo dolor, pobreza y miseria. La gente piensa que no pasa nada en la guerra, pero eso no es cierto.

Manuel huyó de Guatemala a México, donde él y su familia vivieron hasta su regreso en 1994.

Estamos de pie en este lugar sagrado. Derramamos lágrimas y nos lamentamos por las terribles pérdidas de Manuel, de su familia y de tantos otros guatemaltecos que han sufrido. Manuel habla con esperanza acerca del caso legal que, él y otras personas que han vuelto, han presentado en contra de Ríos Montt, con la ayuda del Centro de Acción Jurídica a Favor de los Derechos Humanos.

Me siento abrumada porque yo tengo lazos que me conectan con la historia de este hombre. Hago memoria y recuerdo cómo empezó mi trayectoria con la gente de Guatemala en 1969 en San Francisco la Unión, una pequeña aldea en el altiplano. Manuel y los otros aldeanos, originarios del altiplano, que se mudaron a Ixcán a principios de los años setenta del siglo veinte, son guatemaltecos indígenas que hablan quiché.

Debido a la mala calidad del suelo y a la falta de buenas tierras

para el cultivo, la mayoría de los indígenas del altiplano luchaba para sobrevivir, lo que significaba que tenían que trabajar muy duro para producir suficiente maíz en estas pequeñas parcelas, teniendo como resultado una mala alimentación que dificultaba la situación para sus familias. Tuvieron que viajar largas distancias con el padre Luis Gurriarán para encontrar tierras en Ixcán.

Los aldeanos de Santa María Tzejá formaron una cooperativa agrícola: construyeron casas sencillas, una iglesia y una escuela. Habían escuchado que había batallas armadas en el área entre las fuerzas de la guerrilla y el ejército, pero ellos no eran parte de ninguna lucha. Solo querían cultivar su tierra, alimentar a sus familias y, con esperanza, educar a sus hijos.

De vuelta al presente, hemos llegado a Santa María Tzejá a tiempo para el vigésimo primer aniversario de la masacre de 1982. El padre Luis Gurriarán había trabajado con el padre Bill Woods, un sacerdote que murió en un misterioso accidente aéreo en 1976. El padre Bill, igual que el padre Luis, había comprado tierra en Ixcán para fundar cooperativas agrícolas. En 1969 yo había considerado trabajar con el padre Bill, cuando el reasentamiento de campesinos sin tierra comenzó en el área de Ixcán.

A través de los años, mi vida y mi trabajo hicieron que fuera con frecuencia a Guatemala, contribuyendo en proyectos de desarrollo y acompañando a refugiados en su regreso de México a Ixcán.

—Pat, tú ya eres veterana, ya eres parte de nuestra historia —dice el padre Luis.

Yo me siento en casa en las aldeas guatemaltecas, en donde pienso, sueño y hablo en español.

Diez años más tarde, en mayo de 2013, un tribunal guatemalteco declaró a Ríos Montt culpable de genocidio y de crímenes contra la humanidad. Sin embargo, la decisión legal se anuló dos semanas más tarde. Quedé devastada cuando escuché la noticia en la radio. La decisión inicial me había hecho fundar la esperanza de que se había logrado cierta medida de justicia. Considerando todo lo que Ríos Montt había cometido en contra de la gente de Guatemala, la anulación del fallo en su contra se percibió como una crueldad.

En 2013 Manuel escribió: «Nuestra experiencia en la guerra nos ha mostrado que muchas familias sufrieron masacres, pero en la mayoría de los casos hubo algún sobreviviente. Y aquí con nosotros, Edwin salió con vida; se escapó de la muerte. Incluso en

1982 yo creía que él iba a ser llamado para hacer algo especial en el futuro. Ahora está involucrado en este caso de genocidio.»

Edwin Canil es otro sobreviviente. Fue testigo de la masacre y es abogado en el centro jurídico que participó en el procesamiento de Ríos Montt. A pesar de que la decisión de genocidio se anuló, él cree que la decisión es importante para que nunca más se repitan eventos como este.

General Efraín Ríos Montt

Entre la panoplia de comandantes que convirtió a Centroamérica en un campo de la muerte en los años ochenta, el general Ríos Montt fue uno de los más asesinos. En 2013 fue condenado por tratar de exterminar al grupo étnico de los ixiles, una comunidad indígena maya cuyas aldeas fueron arrasadas por sus fuerzas.

Un juez guatemalteco encontró que el general estaba enterado sobre las masacres sistemáticas en los poblados de las laderas del departamento de Quiché y no había hecho nada para detenerlos o para detener el bombardeo aéreo sobre los refugiados que habían huido a las montañas. La condena, vista como un hito histórico en la ley de derechos humanos, fue anulada poco tiempo después.

—Mario Linares

Guatemala tiene una larga historia de golpes de estado militares y de dictadores, muchos de los cuales provienen del ejército. El libro *Fruta amarga* es un excelente recurso que cuenta la historia del golpe de estado militar de 1950 que provocó décadas de conflicto entre militares y civiles. Desafortunadamente, en 2018 el conflicto continúa.

Ciudad de Guatemala, Guatemala, agosto de 2013

Estas historias son acerca del acto de elegir —decisiones que otra gente toma por nosotros y decisiones que nosotros tomamos. El poder de las voces femeninas de Ixil trasciende la guerra civil. Mientras sus parientes y otros seres queridos eran asesinados frente a sus ojos, ellas no tenían otra elección más que la supervivencia.

Varias décadas más tarde, cuando los defensores de los derechos humanos de Guatemala empezaron a elaborar el caso de genocidio en contra de Ríos Montt, las mujeres ixiles eligieron ser las demandantes contra este poderoso hombre. Su valor es testamento del acto de elegir la vida por encima de la muerte.

¿Quién es «él»?

Ciudad de Guatemala, Guatemala, agosto de 2013

Aquí en Ixil
Las viudas Magdalena, Ana, María, Juana y Cecilia
comparten sus experiencias durante la guerra civil
hace treinta años.

«Él»,
«él»,
las viudas dicen.
¿Pero quién es «él»?

Sus preguntas en su testimonio:
¿Por qué quemó él mi casa?
¿Por qué mató él a mis hijos/as,
     esposos,
     suegros/as,
     hermanos/as,
     padre y madre?

¿Por qué él me violó?

¿Quién es el hombre
que dio las órdenes?
¿Cómo planeó él los ataques?
¿Por qué, por qué pensó él que nosotras éramos menos que él?
Somos trabajadoras y campesinas,
no guerrilleras.

Ellas gritan, lloran y preguntan,
¿Por qué no está él en el cárcel?

¡Ahí está la condena!
Pero él está libre,
en su casa con familia, con alimento
y poder.

¿Quién es él?
Él tiene nombre.
Efraín Ríos Montt,
culpable de genocidio
y crímenes contra la humanidad.

Y nosotras, nada.

¿Dónde está la justicia?
Una grita por la justicia.
Dígannos, ¿dónde está la justicia?

Día de los muertos

Del 31 de octubre al 2 de noviembre, cada año

Una tradición que une a familias y comunidades latinoamericanas, sin importar donde viven —eso es el Día de los Muertos. Una festividad anual en que, además de ser recordados y honrados por sus seres queridos, las personas que han fallecido visitan en espíritu a los vivos para estar con sus familias.

Cuando viví esta festividad y sus rituales por primera vez, me di cuenta que el Día de los Muertos no es una ocasión lúgubre o mórbida como originalmente imaginé que sería. Por lo contrario, es una celebración festiva y llena de color durante la que la gente visita los cementerios, decora las sepulturas de sus seres queridos y pasa tiempo con otros parientes. También hacen en sus hogares altares con decoraciones muy elaboradas a manera de ofrendas para dar la bienvenida a los espíritus.

Los orígenes de la festividad tienen su raíz en una combinación de creencias indígenas y enseñanzas católicas que los españoles trajeron a Mesoamérica a principios del siglo XVI para erradicar las prácticas religiosas de los indios. Son enseñanzas católicas entremezcladas con la cosmovisión indígena que generaron nuevas tradiciones. El Día de los Muertos es una combinación de la víspera de Todos los Santos, el Día de Todos los Santos y el Día de los Santos Difuntos con creencias prehispánicas acerca de la vida después de la muerte, en la que la esencia de los espíritus de las personas continúa viviendo.

Se puede ver a familias preparando comidas especiales y cosas que los espíritus disfrutaban en vida. Éstas se presentan en la ofrenda, en la que los espíritus pueden ser partícipes de su esencia y aroma. Otros objetos en el altar incluyen calaveras de azúcar, pan de muerto —un pan especialmente horneado para la ocasión— y flores de cempasúchil, que dejan una especial fragancia en el altar para guiar a los seres queridos que se han ido.

El Día de los Muertos es una celebración de la vida y de la relación que la familia tuvo con cada persona a la que se recuerda. Arreglar el altar —esto es, encontrar fotografías, buscar las calaveras correctas y preparar la comida y bebida favorita del difunto— permite que todos recuerden a cada persona o lo que esta significa para ellos. Al celebrar lo que estos seres queridos fueron, los mantenemos vivos.

Recursos adicionales

Si quieres conocer más acerca del Día de los Muertos, hay dos recursos adicionales que recomiendo: la película Coco y el libro The Skeleton at the Feast. Coco es una película de Pixar que explora el tema del Día de los Muertos. Ha sido elogiada por su animación, actuación de voz, música, historia emocional y por su respeto por la cultura mexicana. The Skeleton at the Feast: The Day of the Dead in Mexico es un libro de Elizabeth Carmichael y Chloe Sayer. Explora tanto los orígenes históricos de esta festividad como sus coloridas celebraciones en la actualidad en México y en los Estados Unidos.

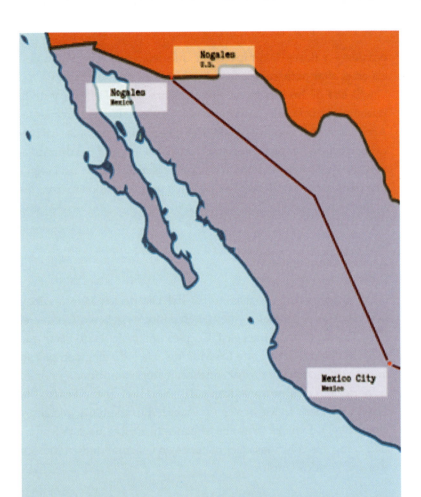

Migration
Is Not a Crime

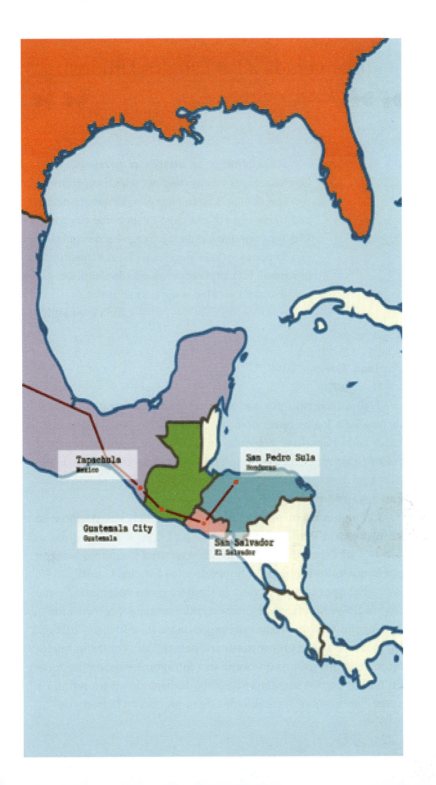

¡Bienvenida a los Estados Unidos!

«Las fronteras se establecen para definir los lugares seguros y los no seguros, para distinguirnos a nosotros de ellos. Una frontera es una línea que divide, una franja angosta a lo largo de un borde empinado. Una zona fronteriza es un lugar vago e indeterminado, creado por el residuo emocional de un límite que no es natural. Está en constante estado de transición. Los prohibidos y los vedados son sus habitantes.»

—Gloria E. Anzaldúa

Portland, Oregon, 2014

Había recorrido por todas partes para encontrar la manera de ayudar a los menores no acompañados. No podía esperar sin hacer nada cuando el gobierno de los Estados Unidos empezó a colocar a los niños de Centroamérica en grandes centros de detención tipo cárcel en Texas, cerca de la frontera entre México y los Estados Unidos.

Le pregunté a mi amiga Linda, ejecutiva del clero nacional en los Justice and Witness Ministries:

—¿Cómo puedo ayudar? Yo hablo español y conozco la razón por la que estos niños están huyendo a los Estados Unidos.

—Pat, ¿por qué no te vas a la frontera como voluntaria? —me respondió—. Mi oficina te puede ayudar a establecer contactos.

Acepté. Con un subsidio de la iglesia me fui a Tucson, Arizona. Un pastor local me proporcionó una habitación y contactos telefónicos de varios grupos que ayudan a inmigrantes recién llegados. En menos de dos semanas ya estaba trabajando en un refugio y aprendiendo sobre las realidades de migración en la frontera.

Tucson, Arizona, 2015

Una de esas mañanas, después de mi llegada, Jorge me llama.

—Hola. ¿Tienes tiempo esta tarde para ayudar en el refugio de transición para mujeres y niños migrantes? Tenemos la casa llena.

—Por supuesto, voy para allá.

Al llegar al refugio abro la puerta, mientras mis ojos todavía se están ajustando por el paso de la luz brillante de afuera a la oscuridad de la casa.

—Hola, buenas tardes —digo.

—Buenas tardes —responden las mujeres sentadas en sillones. Están en silencio viendo la televisión en español mientras sus pequeños hijos corren alrededor.

Percibo un aroma de sopa de albóndigas y chiles fritos. Huele como en casa, en Guatemala o en México. Siento la bienvenida.

Le pregunto a la voluntaria líder, una mujer mexicanoestadounidense con una dulce sonrisa y abrazo cálido:

—¿Cuántos hay, Lorena?

—Cuatro mujeres y cinco niños —contesta—. Tres mujeres de Guatemala y una de Honduras llegaron anoche. Esperamos algunas más al rato, nada más que ICE las libere para viajar a donde están sus familias. ICE es el acrónimo del Servicio de Inmigración y Control de Aduanas de los Estados Unidos.

Este refugio ya está abarrotado —dos pequeñas habitaciones con dos literas y una cuna, además de ropa donada retacada en los armarios. La cocina es el centro de actividad: las voluntarias preparan enormes ollas de sopa y las mujeres lavan platos y alimentan a sus hijos.

Mientras picamos cebollas, tomates y chiles, una voluntaria pregunta:

—¿Por qué hay este tipo de problemas? Mi familia vino de México hace cincuenta años y no tuvimos ningún problema.

Y yo pienso: «qué suerte tienes, porque en estos tiempos la gente arriesga la vida para cruzar el desierto de Sonora, en Arizona, debido a las restricciones para entrar a través de las ciudades fronterizas».

Después de cocinar, salgo a ayudar con la lavandería y me encuentro con una joven de Guatemala.

—¿Cómo está?

—Bien —contesta con una sonrisa tímida.

Le pregunto si le puedo ayudar.

Mientras doblamos ropa, se desahoga contándome su historia.

—Somos de la costa sur de Guatemala; mi hijo de cuatro años y yo. Mi esposo no vino porque habíamos oído que es más fácil que le permitan la entrada a los Estados Unidos a mujeres y a niños. ¡Y mira! Yo vivía con mis suegros. Cuando mi suegro bebía, se volvía cruel y golpeaba y le gritaba a nuestro hijo Juanito. Mi hijo le tenía terror. Cada vez que mi suegro regresaba a la casa borracho, yo escondía a Juanito en otro cuarto. Luego, mi hijo dejó de hablar. Mi esposo no veía la manera de detener a su padre. Finalmente, mi suegra me dijo que me fuera, que huyera a los Estados Unidos. Ella fue quien me dio el dinero para la tarifa del autobús, así que nos fuimos.

Me mira con miedo.

—Cuando crucé a los Estados Unidos vía Tucson con la ayuda de un coyote pasé dos noches sola en el desierto con mi hijo. Los dos estábamos aterrorizados, mientras oíamos a los coyotes de a de veras aullando cerca. Unos hombres migrantes nos encontraron y nos amenazaron con lastimarnos si no compartíamos nuestra comida. Así es que les di nuestra comida y recé porque nos dejaran en paz. La Patrulla Fronteriza nos levantó al día siguiente. Pasamos dos noches en el centro de detención de ICE y luego nos mandaron al refugio. Yo voy a Carolina del Norte, donde tengo un primo que nos va a ayudar.

Ella podría conseguir asilo, debido a la historia de violencia familiar de la que estaba huyendo.

—María, fuiste muy valiente en viajar una distancia tan larga a un nuevo país, donde no hablas el idioma.

Me ve con cierta perplejidad por la palabra «valiente».

—Paty, yo solo hice lo que tenía que hacer para proteger a mi hijo. Espero que mi esposo se pueda reunir pronto con nosotros.

—María, mira a tu hijo, está riendo y jugando en el patín, disfrutando este hermoso día soleado. ¿No te sientes bien por eso?

Voltea a verme y en voz baja me cuenta cuál fue el costo por haber decidido irse de Guatemala.

—Paty, mi hijo extraña a su papá. Es cierto que se siente seguro, pero en la noche llora y pregunta por su papi. En Guatemala no hablaba por la furia y violencia de su abuelo. Me preocupaba, pero lo bueno es que ahora ya habla todo el tiempo.

Tal valentía frente a obstáculos tan desalentadores... Yo no estoy segura si podría pasar por lo mismo para salvar a mi hija. Pero lo que pasa es que yo no tengo que tomar esa decisión, ni tampoco la mayoría de mis conciudadanos estadounidenses. La mayoría de nosotros no entendemos ni vivimos esa realidad.

Lorena me llama:

—Pat, ¿puedes ayudar a preparar las bolsas de viaje para las familias?

Las llenamos con botellas de agua, sopa instantánea, fruta fresca, un kit de primeros auxilios, barras de cereales y una gran cobija suave para que los niños no sufran frío en los autobuses con aire acondicionado.

—Ustedes se pueden ir esta noche —les dice una voluntaria a las mujeres.

Se ven unas a otras y un poco nerviosas contestan:

—Bueno. Y gracias.

Llegan algunas mujeres nuevas. Estas mujeres guatemaltecas son muy delgadas y bajas, y probablemente pesan menos de cuarenta y cinco kilos. Apenas hablan un poco de español. Pocas acabaron la primaria porque su lengua materna es el maya. Una mujer llega con un niño envuelto nada más con una cobija. Alguien rápidamente la lleva a la bodega para que escoja ropa para su hijo.

Una mujer está muy embarazada y camina con un bastón. Le ayudo a sentarse en una silla y le pregunto si quiere algo de comer.

—Sí, por favor, pero no puedo caminar hasta la mesa.

—No hay problema, Catarina, yo le traigo algo de comer.

Una vez que come, le pregunto:

—¿Qué pasa? ¿Qué tiene en su pierna?

Contesta con una mueca:

—Me caí del muro en la frontera.

—¿Qué? ¡La barda tiene seis metros de altura! ¿Cómo le pasó esto?

—Las personas que me ayudaron hicieron un columpio improvisado para subirme y jalarme hacia el otro lado de la barda. Cuando llegué hasta arriba se venció el columpio.

—¿Le duele? ¿Qué pasó cuando la Patrulla Fronteriza la levantó?

—Me dieron una medicina para el dolor y me envolvieron la pierna y me dijeron que probablemente era una esguince.

—¿De qué parte de Guatemala eres, Catarina?

—De San Marcos —contesta.

—¿Tacaná? —le pregunto; se ve sorprendida—. Hace muchos años estuve ahí.

Se le iluminan los ojos mientras me cuenta sobre su pueblo y su familia. Como muchas de las mujeres, parte de su historia es haber dejado a algún hijo allá. Se le llenan los ojos de lágrimas. Yo cierro los míos y pienso en lo trágico que debe ser tener que tomar esa decisión. Ella se fue debido a la pobreza, la falta de empleo y con la esperanza de encontrar trabajo en los Estados Unidos. Su esposo desempleado la dejó después del segundo embarazo.

Le pregunto al coordinador residente:

—¿Qué va a pasar con ella?

Me dice que tiene una cita médica esa tarde para ver si puede viajar en autobús.

—¿Pero cómo va a poder viajar? Tiene que tener el pie elevado, además de que está embarazada. No hay manera que pueda viajar en un autobús retacado.

—Pat —me dice Jorge—, tú sabes que no podemos mantenerla aquí y tenemos la casa llena esta noche y probablemente aún más durante el fin de semana.

Regreso a la sala y me siento junto a Catarina.

—Sé que es difícil. Eres muy valiente por haber viajado hasta tan lejos.

Ella suspira y dice:

—No me quedaba de otra, si quiero que mi hijo tenga una mejor vida.

Es hora de irme. Tantos sentimientos encontrados: estoy triste y un poco encabronada, además de conflictuada. Una parte de mí se siente en casa con las mujeres guatemaltecas; me traen recuerdos tan cálidos como dolorosos de mi vida en Guatemala. Pero el futuro de estas mujeres me preocupa. Con estudios limitados y sin hablar inglés, algunas de ellas van a trabajar desplumando pollos en fábricas o limpiando casas para sobrevivir.

ICE les da un indulto de seis meses entre el momento de su detención inicial y su siguiente audiencia en el juzgado, que resultará probablemente en deportación, a menos de que tengan un buen abogado. Se van en Greyhound para reunirse con algún pariente. No sé qué va a pasar con ellas en sus nuevos hogares, pero son fuertes y están resueltas. Sus nuevas comunidades las apoyarán.

Acompañamiento

Una amiga guatemalteca

Acompañamiento es un concepto poderoso en América Latina. En un sentido, el término acompañamiento es una palabra fácil. Caminas con otros porque te invitan —no adelante ni detrás de ellos—, ofreciendo solidaridad, un hombro, un oído para escuchar, un consejo o una palabra de precaución. Confiriendo poder, no posibilitando.

Pero, en otro sentido, el acompañamiento es increíblemente difícil. Debes caminar con personas que sufren por la violencia de su pobreza, por racismo, analfabetismo, aislamiento social e injusticia. Cosas que ni ellas ni tú pueden arreglar y cuya realidad, sin embargo, tienes que soportar a su lado.

La primera vez que supe sobre el acompañamiento fue durante los años ochenta, cuando el gobierno de los Estados Unidos financió a los contras, un grupo nicaragüense de oposición al gobierno sandinista. En la revolución de 1979 los sandinistas derrocaron al gobierno del dictador Anastasio Somoza Debayle, quien tenía el apoyo de los Estados Unidos. En julio de 1983 más de cien ciudadanos estadounidenses viajaron a la frontera entre Honduras y Nicaragua para formar un escudo humano con el fin de proteger a los nicaragüenses de los ataques de los contras. Acción Permanente por la Paz se fundó a partir de ese acto. Desde entonces este grupo, junto con otras organizaciones no gubernamentales, ha proporcionado «testigos» que observan, apoyan y acompañan a la gente cuyas vidas están amenazadas. Yo me volví acompañante en 1993 cuando Acción Permanente por la Paz me pidió que vigilara a guatemaltecos que habían vivido exiliados en México durante su retorno a sus hogares en Guatemala. En conjunto con Peace Brigades International (PBI) brindamos una presencia internacional y «ojos» para garantizar el retorno seguro de familias guatemaltecas a sus tierras después de diez años de exilio en campos para refugiados en México.

Lago Atitlán, Guatemala, 2014

La neblina sube lentamente del lago de color azul profundo iridiscente. Estoy sentada ante mi improvisado escritorio en una casita en la ladera de la colina con vista a los tres volcanes —San Pedro, Tolimán y Atitlán— que se yerguen sobre este bello lago en el altiplano central de Guatemala. Es el paraíso en medio de un país atribulado. En el invierno de 2014 vine a reconectarme con la parte de mi corazón que vive en Guatemala y a compartir las historias de mi amorío de toda la vida con su gente y su pueblo.

Viajo hacia el norte, a Quetzaltenango, la segunda ciudad más grande de Guatemala. La sobrina de mi amiga Irma es maestra de escuela y me cuenta cómo las bandas de narcotraficantes controlan las escuelas. Las bandas reclutan estudiantes bajo promesa de obtener dinero fácil, pero los ritos de iniciación son brutales. A las chicas las violan en bandada y a los chicos les ordenan que asesinen a alguien. Así se vuelven miembros de la banda.

—Paty, el precio en la calle por asesinar a alguien es $50.

Yo pregunto:

—¿Qué hacen los padres para tener a sus hijos a salvo?

Niegan con la cabeza.

—Tristemente, ven que su única opción es viajar al norte o enviar a sus hijos a los Estados Unidos.

En el verano de 2014 miles de niños y jóvenes de Centroamérica cruzan la frontera entre México y los Estados Unidos buscando protección y asilo. El gobierno de los Estados Unidos los encierra en centros sin ventanas y a muchos los deporta de regreso a los violentos países de los que acaban de huir.

Tucson, Arizona, 2015

Hacia noviembre de 2015 estoy trabajando como voluntaria para ayudar a familias migrantes recién llegadas. Como visitante del Centro de Detención Eloy, una prisión privada en medio de un desolado desierto, conozco a María Luisa por primera vez.

Está vestida con un mono amarillo, igual que las otras detenidas. Se dirige a mí, me abraza y me besa.

—Hola, soy María Luisa.

Es joven, vivaz, con ojos destellantes y una sonrisa fácil. Su energía me desconcierta y me sorprende. Muchas otras detenidas se muestran tristes, llorando y enojadas. De inmediato me cuenta su historia —otra historia demasiado familiar de chicas jóvenes que intentan viajar a través de México solas hacia los Estados Unidos.

—Soy del norte de Guatemala, cerca de la frontera con México. Mi pareja estaba metido en drogas y abusaba de mí. Mi papi necesita diálisis renal y tiene que viajar tres veces por semana a Quetzaltenango para su caro tratamiento. Yo decidí huir del abuso de mi pareja e irme al norte para ganar dinero y ayudar a mi padre.

Un cártel de drogas mexicano la secuestró, la tuvieron como rehén y abusaron sexualmente de ella hasta que una prima de Florida pagó su rescate de $8,000. Es práctica común que los cárteles de drogas les confisquen los teléfonos celulares y luego llamen a sus familiares con el fin de extorsionarlos con demandas de dinero para liberar a su pariente capturado. Cuando María Luisa cruzó la frontera con los Estados Unidos la aprehendieron y enviaron al Centro de Detención Eloy. Su delito fue entrar al país.

Unas lágrimas brillan en sus ojos mientras describe las humillaciones por parte del personal del centro de detención, así como la espantosa comida —una queja común entre los detenidos. Su espíritu y determinación para que la liberen me conmueve. A pesar de su situación se ríe mucho y se hace amiga de otras detenidas. Cree que Dios la cuida y que sus oraciones son lo que la sostienen.

La visito varias veces antes de regresar a Portland. No la veo por un año completo, pero nos escribimos con frecuencia. Le envío una carta de apoyo para su audiencia de libertad bajo fianza. Con emoción me cuenta que ha encontrado a un abogado pro bono, con la ayuda de un programa de visita, y que estará representada en su audiencia en el tribunal. Finalmente, su fianza queda en $20,000. Dios mío, yo no podría juntar esa cantidad. Su tía en Colorado vendió un coche y algunos bienes y pudo juntar $5,000 y, algo inusual, sus abogados pagaron los otros $15,000.

En enero de 2017 regreso al Centro de Detención Eloy.

María Luisa está eufórica.

—Paty, voy a salir.

La liberan a fines de enero a una residencia de transición en Tucson. La primera noche se maquilla por primera vez en quince meses, baila feliz con las otras jóvenes que viven en la casa y come muchos frijoles, arroz y tortillas.

—Estoy libre, Paty, gracias a ti y a las otras voluntarias que se hicieron mis amigas.

Al día siguiente la pongo en un autobús hacia Colorado en donde vivirá con su tía y trabajará en una fábrica de papas una vez que aprueben su visa.

Nos despedimos entre abrazos y lágrimas.

—Sigamos en contacto. Sonríe y agita la mano mientras aborda el autobús.

Luego, silencio. Mando unas cuantas tarjetas y dejo mensajes con su tía. Una amiga de Tucson recibe noticias de su familia de Guatemala y le dicen que está bien y que tiene una página en Facebook. Le mando una solicitud de amistad y eventualmente volvemos a conectar.

Los Ángeles, California, 2018

—Ahora estoy en Los Ángeles, Paty. Estoy trabajando para una familia.

Tiene muchas dudas acerca de su estatus migratorio y me pide si puedo llamar a su abogado en Arizona. Él me asegura que el caso de ella está cerrado y que tiene una visa T (tráfico) con autorización de empleo por cuatro años.

Le llamo con las buenas nuevas, pero sigo preocupada por ella. —¿Estás bien, María Luisa? ¿Te trata bien la familia? ¿Dónde vives?

Ella no responde a mi aluvión de preguntas, pero me dice que me verá pronto, cuando vaya yo a Los Ángeles.

A mediados de enero nos reunimos jubilosamente en la terraza de mi hermana. Abrazos, besos, risas. ¡Un nuevo novio de El Salvador la trajo en su coche! Ella sonríe abiertamente. La vida va bien.

—Paty, me fui de Colorado porque no podía ganar suficiente dinero para pagar de regreso los $8,000 del rescate, además de los $5,000 que mi tía recaudó para la fianza.

Le aseguro que el gobierno de los Estados Unidos reembolsará a su tía y a los abogados por la fianza.

—Además, estaba muy sola en el pueblito de Colorado. Aparte de mi familia y de cuidar a sus hijos, no había nada qué hacer.

Lo bueno es que la familia con la que trabaja quiere ayudarle a que aprenda inglés. Ella se graduó de la preparatoria y es brillante, así es que se le debe hacer fácil aprender el idioma. Hablamos acerca de qué tan pronto puede hacerse residente permanente y, eventualmente, ciudadana de los Estados Unidos.

El único momento triste es cuando me comparte que su papi murió hace cinco meses.

—La única razón por la que vine al norte fue para ayudar a que mi papi se mejorara —el precio que ha pagado en lo personal por estar en los Estados Unidos ha sido demasiado alto.

Pero María Luisa, siendo como es, me dice que espera traer a su mamá a vivir con ella a Los Ángeles, o por lo menos de visita. Su historia sí tiene final feliz, después de mucho dolor y lucha. Es una hermosa y resuelta joven. Sus notas en Facebook son entusiastas y llenas de oraciones de gratitud.

Antes de irse con su novio, me llena de abrazos y besos. Sonríe y me pregunta:

—¿Te gustaría ser la abuela del hijo o hija que quiero tener?

—Sí, María Luisa, pero no ahora. Tómate tu tiempo y disfruta tu nueva vida.

Se van a tiempo para ir a la playa, para ver el Océano Pacífico y caminar por la orilla. Más tarde, envía un efusivo mensaje de Facebook, que termina de la misma manera que sus cartas: ¡Dios y los angelitos los cuiden!

Portland, Oregon, 2018

Hace casi cincuenta años fui a Guatemala con mi esposo Carlo. Nunca habíamos trabajado en un «país en vías de desarrollo». No conocíamos la cultura ni la historia de Guatemala, ni tampoco el papel de las intervenciones de los Estados Unidos en su política. La aldea rural del altiplano en la que vivíamos nos recibió afectuosamente. Era difícil entender nuestro español. A pesar de que yo no sabía cocinar, di clases de cocina y Carlo experimentó nuevos cultivos con los granjeros. La gente nos abrazaba, nos invitaba a sus casas, caminaban con nosotros a nuestras citas para que no nos perdiéramos y nos aceptaron dentro de su comunidad. Nos hicimos amigos.

¿Cómo podría yo no hacer lo mismo por la gente recién llegada a nuestro país? Conozco las realidades de Centroamérica y las razones por las que la gente emigra hacia el norte buscando seguridad y una oportunidad para ganar un sueldo con el que puedan vivir. Yo quiero recibirlos como me recibieron a mí.

Mi otra razón para acompañar a los inmigrantes recién llegados es participar en la resistencia. Acompañar a la gente es útil para evitar deportaciones y detenciones. Yo creo en unos Estados Unidos que reciben a inmigrantes —personas como las que ayudaron a construir este país. Nuestros valores democráticos siguen siendo un dechado de luz para mucha gente. Yo trabajo para garantizar que este dechado de luz continúe.

¡Convertirse en indocuángel!

Como abogado de inmigración en Tucson, Arizona, Mo Goldman acuñó el término «indocuángeles» e inició un programa para vincular a inmigrantes indocumentados con ciudadanos de los Estados Unidos. El periódico de Arizona State University, The Daily Wildcat, publicó un excelente artículo en febrero de 2017 acerca de este programa y de sus «esfuerzos por ofrecer un fuerte sentido de protección a la comunidad de inmigrantes en Tucson».

Goldman lo dice bien: «Si arrestan a una persona y necesita acceso a documentos legales, o si la llevan detenida y necesita ayuda legal para que la liberen, quizás ese ciudadano estadounidense podría ayudarle.» Muchas veces son nuestros vecinos quienes de repente tienen problemas legales y quedan separados de sus familias. Lo único que ha cambiado para muchos de estos inmigrantes es el entorno legal, y nosotros podemos movernos para ofrecerles apoyo.

Tucson, Arizona, 2017

—Estoy emocionadísima de ver a mi papá después de dieciocho años —una vehemente mujer de pelo negro me dice frente a una taza de café.

Estamos sentadas en el sótano de una iglesia Metodista Unida que ha abierto sus puertas para dar refugio a mujeres y hombres que viajan con niños pequeños. Es una gran estancia con colchones en el piso y maletas y ropa desperdigadas. Graciela es de El Salvador y está con su hija de cuatro años. La niña esboza una tímida sonrisa desde el lado donde está su mamá. Tiene el mismo cabello oscuro y los mismos lindos ojos que su madre.

—Tuvimos que irnos de El Salvador. Las bandas exigían que les pagara la mitad de mi renta. No me alcanzaba. No estaba segura, así que dejé a mi esposo para viajar al norte y reunirme con mi papá en Nueva Inglaterra. Mi padre ha trabajado en un hotel por veinte años y tiene un empleo para mí. Voy a laborar duro para él y para mi hija.

¿Qué va a encontrar Graciela en el frío de Nueva Inglaterra? Como la mayoría de los inmigrantes, está preparada para trabajar duro, inscribir a su hija en la escuela y estudiar inglés. Definitivamente, está motivada. ¿Estará segura? Antes de dejar el refugio cada persona recibe información en la que se le aconseja que comparezca en el tribunal en la fecha indicada y se le explica cómo evitar que la deporten. Para permanecer en los Estados Unidos ICE le da seis meses a cada padre o madre de familia con un menor para que solicite asilo o contrate a un abogado. Pero ahora la nueva prioridad de ICE es deportar a inmigrantes que han estado en los Estados Unidos por menos de dos años.

Otra persona en el refugio es Juan, un hombre bajo y sólido con rasgos mayas. Juan viaja con su hijo de cinco años a quien le encanta jugar fútbol. Él y otro niño patean una gran pelota en el espacio vacío del sótano, riéndose y gritando «¡gol!»

No hay trabajo en mi pueblo rural norteño de Guatemala —sigue Juan—. Tengo que mantener a mi familia y ahí lo más que podía ganar eran cinco dólares al día. Mi mamá es residente legal permanente.

Me dice con orgullo:

—Mi mamá es pastora de una iglesia Pentecostal en el sureste. Ella me insistió que me reuniera con ella en el norte. Necesito trabajar. ¿Qué tipo de trabajo crees que pueda conseguir? Porque, tan pronto como podamos, vamos a traer al resto de la familia.

Juan está resuelto a construir una vida mejor. Tiene esperanzas de poder hacerlo en los Estados Unidos. No le digo que la mayoría de los trabajos son de baja paga, pero ¿yo qué sé realmente? Puede ser que él encuentre una manera de ahorrar y mandar por su familia.

En Casa Alitas, otro refugio en una casa anodina, hablo con Juana, una joven indígena de Guatemala.

Juana habla en voz baja:

—Voy a encontrarme con mi hermana en el Middle West. En mi pobre aldea rural yo vivía con mi suegra y mis dos hijas. Mi esposo está en los Estados Unidos, pero encontró a otra mujer.

Se inclina hacia mí.

—El viaje en autobús me da nervios porque tenemos que cambiar de línea en Dallas. Yo no leo ni escribo, pero sé que mi hija mayor me va a ayudar.

Veo a las hijas de siete y ocho años jugando junto a nosotras con amplias sonrisas. Me confía:

—Mis hijas van a aprender rápido y van a tener una mejor vida en los Estados Unidos, así es que voy a tomar el autobús.

Más tarde me enseña a hacer arroz guatemalteco. Pico tomates, cebolla y ajo. Su cara se ilumina y se ríe.

—Me encanta cocinar. Yo cocinaba para mi suegra y mis hijas.

Igual que las otras recién llegadas, ella ha cometido un acto ilegal al cruzar la frontera. La primera vez es un delito menor. Si la deportan y cruza de nuevo, es un delito grave y tendría que pasar tiempo en un centro federal de detención.

Percibo la fuerza que le permitió viajar desde Guatemala a los Estados Unidos sola con sus dos hermosas hijas. Tengo esperanzas de que su hermana la apoye, pero es posible que no califique para asilo político porque el gobierno federal dirá que es una migrante económica. ¿La protegerá su libertad condicional humanitaria, de seis meses de duración, de las redadas cada vez más frecuentes de ICE?

Las mujeres indígenas son las personas más pobres de Guatemala. Sufren la triple opresión de ser mujeres, indígenas y pobres. La mayoría de las mujeres indígenas que conocí en el refugio vienen de los tres estados más pobres del altiplano del norte en Guatemala.

Durante la guerra civil de los años ochenta, muchas de ellas, como las mujeres ixiles que testificaron en contra de Ríos Montt, fueron asesinadas, violadas o torturadas. Por eso no es sorprendente que muchas hayan decidido viajar al norte a pesar de los obstáculos de bandas y policías que les exigen sobornos, a pesar de los secuestros a cambio de un rescate o a pesar de la violencia sexual tanto de la policía mexicana como de los cárteles de drogas.

Antes de la presidencia de Trump en 2017 el procedimiento de «capturar y soltar» otorgaba libertad bajo palabra a familias con hijos y a quienes buscaban asilo mientras esperaban su audiencia de migración. La administración de Bush había iniciado esta práctica debido a que los centros de detención estaban sobrepoblados y la administración de Obama la continuó.

Los agentes de ICE en Tucson habían seguido esta práctica, liberando a familias para que se hospedaran en refugios sin fines de lucro y eventualmente partieran hacia cualquier lugar de los Estados Unidos donde tuvieran parientes. La práctica de «capturar y soltar» a familias viajando con niños solamente se llevaba a cabo dentro de las primeras cien millas a partir de la frontera. Ahora, bajo la administración de Trump, ICE puede detener a cualquier inmigrante indocumentado en cualquier parte de los Estados Unidos sin que haya tenido una audiencia ante un juez.

Para mis adentros grito: ¿Los Estados Unidos son una democracia o un estado policial?

Nogales, México, 2017

Además de trabajar con los inmigrantes recién llegados en Tucson, viajé a lo largo de la frontera desde Nogales, Arizona, para visitar El Comedor, una cafetería que sirve comida a aquellos que han sido deportados recientemente y se esfuerza por mantener la dignidad humana de estos en medio del proceso de deshumanización que sufren. Estando ahí, me siento junto a una mujer del estado mexicano de Chiapas. Se llama María; la acaban de deportar.

María nota que hay una mujer bien vestida llorando, rodeada de altos hombres vestidos de traje.

—¿Quién es? —pregunta María en voz baja.

No sé —le contesto—, pero con tantos oficiales mexicanos, parece que algo grande le ha sucedido.

La mujer es Guadalupe García de Rayos, la primera persona deportada desde Phoenix bajo las nuevas políticas migratorias globales de Trump. La prensa, con cámaras, aparece para preguntar a Guadalupe acerca de lo que pasó cuando la detuvieron. Guadalupe tiene dos hijos nacidos en los Estados Unidos y regularmente se ha reportado con la oficina local de ICE, en donde recientemente la detuvieron y deportaron. Se está quedando en Nogales, México, en un lugar seguro para estar cerca de su familia.

Bajo la administración de Obama su deportación no habría sido prioritaria. Esa administración daba prioridad para deportación a gente con antecedentes penales graves, no a familias. Ahora parece que las reglas han cambiado. Las redadas en contra de inmigrantes indocumentados han comenzado y temo que muchas familias serán separadas. Ahora todas las personas que hayan permanecido más tiempo de lo que su visa les permitía o que hayan cruzado la frontera sin permiso oficial pueden ser deportadas.

Portland, Oregon, 2017

Cuando regresé a Portland, en el invierno de 2017, escuché acerca de un ejemplo local para ser indocuángel. Unos feligreses latinos estaban siendo hostigados cuando entraban a su iglesia católica en el sureste de Portland. ¿Qué pasó? Se corrió la voz y, al siguiente domingo, doscientos indocuángeles rodearon la iglesia para proteger a los feligreses, tanto documentados como indocumentados. Los ángeles enviaron un fuerte mensaje: ¡No toleraremos abusos racistas e intimidación!

Muchas de las mujeres omitieron hablar sobre la violencia que habían padecido en sus países de origen o en su trayectoria hacia el norte. Si buscan asilo, entonces le contarán la historia completa a un abogado o abogada. Sin embargo, conozco las estadísticas de feminicidios en Guatemala, así como los números de mujeres que han sido violadas o secuestradas en México. Ellas merecen una audiencia justa para solicitar asilo en los Estados Unidos. Esperemos que haya ciudadanos estadounidenses listos para ayudarlas en las comunidades en las que finalmente residan.

Cruzar fronteras

 ¿Migración o inmigración?

«No puedes vivir con esperanza ni ver hacia el futuro si no aprendes antes a valorarte a tí mismo [...], tu vida, tus manos, tu historia. Vale la pena.»
—Papa Francisco, México, 2016

Como ciudadana de los Estados Unidos y como mujer blanca de clase media he tenido el privilegio de cruzar muchas fronteras. Nunca me ha parado un agente de aduanas ni he sido detenida por ningún centro gubernamental. He viajado al Medio Oriente, África, Europa, Latinoamérica y el Caribe. Mi pasaporte estadounidense me ha abierto las puertas. Sé muy bien que soy una viajera privilegiada.

¿Cuál es la diferencia entre migración e inmigración? La gente migra a otro país. Las Naciones Unidas no reconocen la migración como un derecho humano, a pesar de que el Alto Comisionado para los Derechos Humanos y el Papa Francisco exigen el respeto de los derechos humanos de migrantes cuando se mueven entre un país y otro.

Las naciones soberanas tienen el derecho de establecer políticas migratorias y de definir los criterios de entrada a sus países. Con más de 258 millones de personas migrando hoy en día, la migración y la inmigración se han vuelto más difíciles para aquellos que desean dejar su hogar, así como para los países que envían y que reciben.

En 1965 los Estados Unidos pasaron la Ley de Inmigración y Naturalización, que remplazó las cuotas raciales con categorías preferenciales basadas en relaciones familiares y habilidades de trabajo, dando preferencia en particular a inmigrantes potenciales con parientes en los Estados Unidos y a ocupaciones que se consideraban críticas para el Departamento de Trabajo.

Subsecuentemente, en 1986 el congreso legisló otorgar una amnistía a aproximadamente tres millones de inmigrantes. Ha habido intentos de arreglar los «fallidos» sistemas migratorios por parte de ambos partidos políticos, pero no se ha logrado ningún compromiso para cambiar las leyes existentes.

Santa María Tzejá, Guatemala. 2016

Después de pasar cinco meses en Arizona escuchando las historias de las mujeres y sus razones para migrar hacia el norte, tengo la oportunidad de visitar una comunidad rural guatemalteca en Ixcán en donde han invertido en la enseñanza de sus jóvenes. Quiero conocer su perspectiva frente al tema migratorio.

Saludo a Juana —es mi amiga y es la maestra de sociología.

—Hola, Juana.

Ella sonríe y me presenta con su clase. Juana me ha pedido que hable de inmigración a los Estados Unidos.

—Por favor, den la bienvenida a nuestra visitante, Patricia, quien ha trabajado con migrantes en los Estados Unidos. Por favor, bríndenle toda su atención.

Es una tarde calurosa y húmeda. El salón de clase está en un viejo edificio de madera y tiene un ventilador que circula lentamente el aire cálido. Es la última clase del día y los estudiantes están cansados. Tienen doce y trece años de edad —están en segundo de básico— y como unos quince de ellos me miran. Al principio es incómodo. Les pregunto si alguien puede dibujar un mapa de Guatemala, México y los Estados Unidos en un pizarrón, para mostrar las fronteras y contornos de los tres países. Un chico se ofrece como voluntario, pero luego niega con la cabeza. Rápidamente yo dibujo un contorno aproximado, enfatizando las fronteras que separan a los tres países.

La intención del mapa es entender las fronteras.

—¿Sabían ustedes que antes de fines del siglo XIX no había frontera entre el estado de Chiapas, en México, y Guatemala? Los mayas se podían mover libremente al norte y al sur. Más tarde se estableció una frontera entre México y Guatemala —continúo—. Además, antes de la guerra contra los Estados Unidos, México solía extenderse hasta la costa occidental del estado de Oregon e incluía mucho del suroeste de los Estados Unidos. Así que se volvieron a establecer nuevas fronteras.

Trato de bromear.

—Una amiga mexicana estadounidense me dijo: «Pat, yo no crucé la frontera, la frontera me cruzó a mí.» Algunas caras muestran sonrisas. Quiero hacer que participen en esta discusión, así que pregunto:

—¿Cuántos de ustedes tienen familia en los Estados Unidos?

Muchas manos se levantan rápidamente.

—¿Quiénes son? ¿Dónde viven y qué hacen?

Como un tercio de la clase tiene familia viviendo en los Estados Unidos. Una joven, de unos trece años de edad, sentada en la fila de atrás, dice en voz baja:

—Mi madre.

Dios mío, duele escuchar esto. Le suelto:

—¡Qué triste! —y pregunto— ¿En dónde vive tu madre?

Ella niega con la cabeza lentamente. Mira hacia el piso y yo me siento impotente. Quiero hacer algo por ella, pero en realidad no puedo. Solamente uno de los nueve estudiantes sabe dónde vive su pariente y a lo que se dedica.

—¿Por qué migra la gente? —pregunto.

Un chiquillo de ojos burlones levanta la mano con el gesto universal que significa dinero. Un murmullo de asentimiento llena el salón. Detrás de esta respuesta están las preguntas: ¿Por qué tenemos que migrar para encontrar trabajo? ¿Por qué no hay trabajos en Guatemala para poder mantener a una familia?

Juana les recuerda a los inquietos chicos que pongan atención. Entiendo que les gustaría estar afuera jugando al final del día en lugar de lidiar con el tedioso tema de la migración. Comparto con ellos el trabajo que hago en la frontera entre México y los Estados Unidos, así como los desafíos que los migrantes enfrentan al cruzar hacia el norte. Luego, divido a los estudiantes en pequeños grupos y les pido que desarrollen una pregunta que quieran hacerle a un visitante del norte.

¿Sus preguntas van desde las más inocentes, como «por qué hay fronteras» hasta las más dolorosas como «por qué no le gustan los migrantes al presidente de los Estados Unidos? Un chico pregunta:

—¿Por qué nos odian los estadounidenses?

Yo tartamudeo un poco mientras digo:

—Bueno, las bandas de narcotráfico que asedian a tu país, a Honduras y a El Salvador no son solo temidas por ustedes, sino también por la gente de los Estados Unidos. El presidente trata de pintar a todos los inmigrantes como criminales. También dice que los inmigrantes llegan para quitarle sus empleos a la gente. En realidad, muchos de los trabajos que hacen los inmigrantes son trabajos que los estadounidenses no están dispuestos a hacer. Y como muchos de los inmigrantes no hablan inglés, algunos estados han tratado de pasar leyes que hacen obligatorio que todos hablen inglés.

Trato de contestar todas las preguntas con honestidad, pero es difícil justificar lo que muchos consideran una política migratoria injusta o los temores racistas que los políticos tratan de promover haciendo pensar a la gente que los migrantes les quitarán sus empleos. El sistema político de los Estados Unidos está lleno de complejidades, pero estos chicos ciertamente saben que no se les quiere.

La vida en la aldea va a ser funesta para los chicos que no puedan continuar sus estudios después de graduarse. Ganarán alrededor de treinta dólares al mes si trabajan en la granja de su familia después de terminar la secundaria. Están en una buena escuela en la que estudian asuntos de actualidad y aprenden inglés, además de español y k'iche', su lengua maya. La mayoría de ellos quiere continuar sus estudios, pero para eso se necesita dinero y no hay una preparatoria cercana. Existen algunas becas, pero no todas las familias pueden pagar los costos de una pensión completa. Los peligros del viaje hacia el norte para estos chicos de doce y trece años que quieren una vida mejor no parecen tan severos cuando en casa escasean los empleos y las oportunidades de estudios.

Esta aldea está fuertemente comprometida con su comunidad y los aldeanos resuelven sus conflictos de manera comunitaria. A diferencia de los estudiantes de muchas escuelas públicas en Guatemala, los alumnos aquí aprenden acerca de la guerra civil que duró treinta y seis años y del genocidio que le siguió hasta principios de los años noventa.

A Santiago, un líder de la aldea, le preocupa mucho que los jóvenes se vayan. A pesar de que sus abuelos sufrieron por la masacre que tuvo lugar en 1982 y por escapar a México, los nietos no lo padecieron. Sí conocen a familiares que sufrieron enormemente durante el conflicto armado interno que duró treinta y seis años y aprenden a respetar su lengua maya y su cultura. Sin embargo, ¿es suficiente para que los estudiantes se interesen en permanecer y construir una comunidad más fuerte?

La aldea conmemora la masacre anualmente y los jóvenes han producido una obra de teatro acerca del evento. Dos patriarcas del pueblo que sobrevivieron la masacre hablan frente a una asamblea de la secundaria acerca de lo importante que fue la comunidad para su supervivencia.

Los estudiantes tienen acceso a internet en el centro de cómputo de la escuela. Puede ser que no tengan agua corriente en la aldea, pero sí tienen electricidad, televisión, teléfonos celulares y acceso a Facebook. Santiago pregunta:

—¿Qué va a pasar con ellos? Qué podemos hacer para inculcarles valores comunitarios en sus vidas? Ellos ponen más énfasis en lo individual que en la comunidad —agrega—. En algún momento yo pensé que tendría que irme al norte. Afortunadamente encontré una manera de mantener mi pasión por contar nuestras historias a través de programas televisivos locales. Otros jóvenes adultos de mi edad que crecieron en campos de refugiados en México se están quedando después de acabar la universidad para fortalecer a nuestra comunidad. Necesitamos encontrar la manera de que nuestros hijos se queden en Guatemala.

Me conmueve su honestidad acerca de los desafíos de una aldea que ha invertido tanto en sus jóvenes. Es cierto que estos estudiantes, a diferencia de los que asisten a otras escuelas públicas en Guatemala, sí aprenden sobre el genocidio y conocen a miembros de sus familias que huyeron después de la masacre de 1982. Pero los jóvenes ahora se enfrentan a otra realidad en Guatemala —un país que no invierte en educación, atención médica o infraestructura económica, en especial para su población indígena maya. Las bandas y guerras de narcotráfico son peligrosas y el ejército guatemalteco no detiene a las bandas. De hecho, algunos oficiales del ejército han sido procesados por sus vínculos con el crimen organizado. Esta aldea, como tantas otras en Centroamérica, enfrenta desafíos externos enormes para conservar a sus familias intactas.

¿Hay alternativas e incentivos para que los jóvenes guatemaltecos no emigren, a la vez que desarrollen un futuro fuerte en casa? En un foro para jóvenes en Cantabal escuché una letanía sobre los desafíos en materia de derechos humanos en Guatemala. Un líder indígena local denunció una lista de megaproyectos multinacionales que no benefician a la comunidad. Todos los oradores atacaron a la Alianza por la Prosperidad, el plan propuesto por la administración de Obama en 2015 para ayudar a los gobiernos de Honduras, El Salvador y Guatemala. Su propósito declarado es detener la migración y fortalecer el desarrollo económico, pero como lo observó uno de los oradores:

—Es un enfoque de desarrollo industrial. Las multinacionales construirán fábricas desde Chiquimula hasta Zacapa, desde las regiones occidentales hasta las orientales en Guatemala. ¿Quién se beneficia? Ciertamente no los guatemaltecos locales que trabajarán con bajos salarios.

Un activista de migración en esta asamblea regional habló acerca de los acuerdos de libre comercio que han desplazado a los pequeños agricultores y, en su lugar, han creado empleos de baja paga en fábricas. Los estudiantes ya saben que una compañía multinacional planea construir una gran presa en el cercano río Chixoy que desplazaría a más granjeros al inundar sus tierras de cultivo.

Los oradores alentaban a los estudiantes para que se involucren. Les pidieron que, cuando regresen a sus escuelas para seleccionar un proyecto en qué trabajar, se involucren para determinar su futuro. Las causas subyacentes de la migración son demasiado grandes para que los alumnos de tercero de secundaria puedan abordarlas: falta de atención médica, empleo, respeto por los derechos humanos, aunado a una violencia omnipresente. ¿Qué proyecto decidirán hacer los alumnos?

Se sentía surrealista. En los Estados Unidos nuestro gobierno piensa que los migrantes son el problema. Pero en Guatemala se percibe a los Estados Unidos como el problema, debido a las acciones de nuestro gobierno durante los años ochenta, así como en la actualidad. Los guatemaltecos saben que el gobierno estadounidense del presidente Reagan en los años ochenta suministró armas y entrenamiento en apoyo al dictador Efraín Ríos Montt. La guerra civil resultante mató a aproximadamente doscientos mil civiles, mientras que más de dos millones de guatemaltecos fueron desplazados. La primera ola migratoria de Guatemala a los Estados Unidos fue a principios de los años ochenta cuando la gente huía de la violencia por la guerra y buscaba encontrar un santuario en los Estados Unidos.

Hoy en día, con el fin de parar a los migrantes antes de cruzar a México, el gobierno de los Estados Unidos le paga a este último millones de dólares para militarizar la frontera entre Guatemala y México. A pesar de las barreras, treinta mil guatemaltecos inmigran a los Estados Unidos anualmente.

Las cosas se ven diferente desde el sur que desde el norte. Los guatemaltecos temen perder una generación entera por culpa de la migración. Están tratando de educar, motivar y alentar a los jóvenes para que tomen la responsabilidad del futuro de su país.

En los Estados Unidos no queremos más inmigrantes de Guatemala, Honduras y el Salvador. Sin embargo, los Estados Unidos han estado profundamente involucrados en la desestabilización de esos tres países por muchas décadas. Mi propia trayectoria a Guatemala inició en 1969 cuando supe del coronel Carlos Manuel Arana Osorio, un oficial militar de derecha a quien se conocía como el «Carnicero de Zacapa». En 1966 inició una campaña militar, bajo la guía y el entrenamiento de los Cascos Verdes del ejército estadounidense, en contra de pequeños granjeros, resultando en varios miles de muertos. Los agricultores querían una reforma agraria y acceso a títulos de propiedad de las tierras que trabajaban. Fue una experiencia que me abrió los ojos y que me llevó a emprender mi propia cruzada como activista.

El acompañamiento continúa

EL AMOR NO CONOCE FRONTERAS

El 10 de diciembre de 2018 me sumé a cuatrocientas personas en la frontera entre México y los Estados Unidos en una acción pacífica en el sitio del muro que separa San Diego, California, de Tijuana, Mexico. El propósito de hacernos testigos en la frontera fue llamar la atención del público hacia los 5,000 solicitantes de asilo que esperaban en Tijuana a que les dieran la oportunidad de entrar a los Estados Unidos.

Las tres exigencias de esta acción fueron:

—Que se respete el derecho humano de migrar y solicitar asilo.

—Que se ponga fin a la militarización de la frontera.

—Que se ponga fin a la detención de inmigrantes y se retire el financiamiento a la Policía de Migración y Aduanas (ICE, por sus siglas en inglés) y a Protección de Aduanas y Fronteras (CPB, por sus siglas en inglés).

Nuestra presencia en la frontera fue directamente como respuesta al llamado de nuestros socios del American Friends Service Committee (AFSC) en Centroamérica, muchos de los que habían acompañado a 5,000 familias en la caravana desde Centroamérica hasta la frontera con los Estados Unidos.

AFSC es una organización cuáquera con 101 años de historia en el apoyo a inmigrantes, exigiendo justicia paralelamente a otras organizaciones locales e internacionales y a comunidades fronterizas. AFSC es reconocido por su compromiso con prácticas de justicia social sin violencia. AFSC se encuentra en una posición única para mostrar problemas del cruce fronterizo, ya que sus programas de justicia para las personas migrantes, basados en los Estados Unidos, trabajan en conjunto con programas de justicia para migrantes en Centroamérica y en otras partes del mundo. La acción El Amor No Tiene Fronteras fue una respuesta directa a la llegada de la caravana de centroamericanos que el personal de AFSC acompañó hasta la frontera.

Nuestros colegas de la Oficina Regional del AFSC para América Latina y El Caribe escribieron la siguiente declaración que comparte su perspectiva y hace un llamado por un movimiento de justicia migratoria. Te invito a reflexionar y buscar alguna manera para involucrarte en este movimiento.

La autora les agradece por su expresión de preocupación acerca de los asuntos sobre migración e inmigración contenidas en este manifiesto.

—Patricia J. Rumer, Ph.D.

Las migraciones forzadas están íntimamente relacionadas con sistemas de opresión que nos afectan a todas las personas por igual en el mundo, pero que tienen un impacto mucho mayor en el Sur Global. Este no solo implica su geografía, ya que el Sur Global también se puede encontrar en el norte, por lo que hay mucho qué hacer desde los Estados Unidos para las poblaciones históricamente excluidas.

El conectarnos con otros nos mueve a transformarnos, a estar abiertos para aprender de ellos, a escuchar su verdad y sus diferentes maneras de ver la vida, las relaciones con sus ancestros, con la Madre Tierra y con los demás. En este diálogo de conocimiento, puntos de vista y verdades también nos transformamos a nosotros mismos y nos conectamos con la diversidad para acogerla en nuestro interior.

Entender la verdad de otros y vernos inmersos en la vasta red de la vida nos invita a sentir los sufrimientos ajenos y a hacerlos parte de nuestra lucha. Una lucha por la diversidad y por la vida es un acto de resistencia en contra de sistemas de muerte que imponen su verdad al desaparecer o minimizar otras verdades, al forzar estilos de vida que solamente benefician a algunos.

Adoptar la lucha de los migrantes, refugiados, los que buscan asilo y las personas desplazadas internamente, y actuar desde nuestros propios espacios es agregar más voces de oposición contra medios hostiles, contra la discriminación y contra diferentes tipos de violencia y opresión. Es necesario promover una administración de fronteras no militarizada y contribuir a crear una cultura de hospitalidad para establecer comunidades seguras para toda la gente, tomando como principio la equidad entre todos los seres humanos, y hacer que migrantes y refugiados sean actores centrales de cambio en la búsqueda de soluciones sin violencia a los conflictos.

La justicia migratoria nos invita a revisar nuestras propias prácticas y las de nuestros parientes y vecinos, contribuyendo así a cambiar las narrativas que estigmatizan a las personas «que vienen a nuestras comunidades» hacia una narrativa que las reconozca como seres humanos y que arroje luz sobre la manera en que los sistemas de opresión afectan sus vidas, a sus comunidades y a todos —tanto mental, física, como espiritualmente— por el hecho de haber sido desplazadas de sus hogares de origen.

Todo lo anterior nos motiva a acercarnos más a la gente y a las organizaciones que acompañan a los migrantes y a las comunidades desplazadas tanto en los Estados Unidos como en comunidades originarias de México, Guatemala, El Salvador, Honduras y alrededor del mundo, para unir fuerzas, globalizar la solidaridad y la lucha y ser parte del Movimiento de Justicia Migratoria que puede enlazarnos con otras luchas y movimientos contra la opresión.

La autora

Activista de toda la vida y educadora, Patricia Rumer se enamoró de Guatemala en 1969 cuando era voluntaria para el desarrollo comunitario con el American Friends Service Committee, trabajando en el altiplano rural en una comunidad cuya lengua materna era el k'iche'. Ha regresado con frecuencia para reunirse con la parte de su corazón que siempre vive ahí.

A través de cuarenta y cinco prolíficos años de activismo y liderazgo educativo e internacional, Rumer ha viajado ampliamente por Latinoamérica, el Caribe, el Medio Oriente y África. Sus experiencias trabajando con el popular programa de alfabetización de Paulo Freire, así como con las monjas y sacerdotes católicos que predicaban y vivían un evangelio liberador, fueron fuertes influencias para Patricia. Ella vio el impacto que la Teología de la Liberación tuvo en miembros de comunidades pobres, quienes se organizaron para participar en la lucha por la justicia social y se volvieron líderes de sus propias comunidades. Rumer cree en una radical práctica espiritual inclusiva y ha trabajado para incorporar esas experiencias tempranas como parte de su trabajo de vida.

Como observadora de Acción Permanente por la Paz, acompañó a refugiados guatemaltecos desplazados por el conflicto armado interno de los años ochenta en su regreso de México a Guatemala (1993, 1995) y en su restablecimiento en Ixcán. Después del juicio por genocidio de Ríos Montt en 2013, fue miembro de la delegación estadounidense de la Comisión por los Derechos Humanos en Guatemala para investigar el impacto que la decisión de genocidio tuvo en los defensores de los derechos humanos en Guatemala. En 2016 fue testigo del juicio de Sepur Zarco, en el que un juez guatemalteco sentenció a dos exoficiales militares por crímenes contra la humanidad con cargos por violación sexual, homicidio y esclavitud de 1982 a 1988.

Patricia tiene un doctorado en Asuntos Urbanos y Públicos de Portland State University. De 2008 a 2015 impartió cursos Capstone con un enfoque en mujeres y comunidades indígenas en el desarrollo comunitario. También organizó dos cursos para integración estudiantil en Chiapas, México.

Desde que se jubiló de la enseñanza ha estado trabajando en un libro que describe su propia trayectoria transformativa en conjunto con esos trabajadores a favor de los derechos humanos en Centroamérica, con quienes ha compartido sus luchas por la justicia. Recientemente trabajó con inmigrantes centroamericanos en Tucson, Arizona. Sus escritos sobre Centroamérica y sus historias sobre inmigración han aparecido en Streetroots, Common Lot, en eventos de Los Porteños y en su blog, www.justiceactivist.com

Recursos adicionales en Guatemala

Bitter Fruit: The Story of the American Coup in Guatemala
Un relato detallado del operativo de la CIA para derrocar al gobierno, elegido democráticamente, de Jacobo Arbenz en Guatemala en 1954. Escrito por Stephen Schlesinger y Stephen Kinzer y publicado por el Inter-American Development Bank en 2005.

Efraín Ríos Montt, dictador guatemalteco
condenado por genocidio, muere a los 91 años
Este artículo describe las acciones pasadas del dictador y aclara las razones por las que fue sentenciado por los cargos de genocidio. Escrito por Mario Linares y publicado el 1 de abril de 2018 en The New York Times.
https://www.nytimes.com/2018/04/01/obituaries/efrain-rios-montt-guatemala-dead.html

Comisión de Derechos Humanos de Guatemala/EEUU
Una organización humanitaria que monitorea la situación de derechos humanos en Guatemala.
http://www.ghrc-usa.org

The Guatemala Reader
Al elegir las selecciones para esta antología, los editores buscaron evitar representar al país solamente en términos de su larga experiencia de conflicto, racismo y violencia. Por lo contrario, presentan a Guatemala como un lugar real en el que la gente disfruta verdaderamente. Los editores introducen las selecciones en relación con neoliberalismo, multiculturalismo y las dinámicas de migración a los Estados Unidos. Escrito por Greg Grandin, Deborah T. Levenson y Elizabeth Oglesby y publicado por Duke University Press en 2011.

Granito: How to Nail a Dictator

Un filme sobre las maneras en que When the Mountains Tremble proporcionó pruebas clave para lograr la acusación formal de genocidio en contra de Efraín Ríos Montt. Muestra a la floreciente generación de activistas en favor de los derechos humanos que crecieron después de los crímenes de Ríos Montt. Producido por Skylight Pictures en 2012.

Guatemala's Genocide on Trial

Los tribunales anularon la condena de Efraín Ríos Montt, pero la lucha por la justicia continúa. Este artículo hace memoria del valor de los sobrevivientes. Escrito por Kate Doyle y publicado el 22 de mayo de 2013 en The Nation.
https://www.thenation.com/article/guatemalas-genocide-trial

Yo, Rigoberta Menchú: Una mujer indígena en Guatemala

En este libro, Rigoberta Menchú, campesina guatemalteca y Premio Nobel de la Paz 1992, reflexiona sobre las experiencias comunes para muchas comunidades indígenas en Latinoamérica. Escrito por Rigoberta Menchú, Elisabeth Burgos-Debray y Ann Wright y publicado por Verso en 2010.

Paradise in Ashes:
A Guatemalan Journey of Courage, Terror, and Hope

Un relato de la violencia y represión que definió a la guerra civil guatemalteca. El libro cuenta la historia de la aldea de Santa María Tzejá y por qué esta personifica las fuerzas y conflictos que definen hoy al país. Escrito por Beatriz Manz y Aryeh Neier y publicado por University of California Press en 2005.

Return of Guatemala's Refugees:
Reweaving the Torn

El 13 de febrero de 1982 el ejército guatemalteco irrumpió en la remota aldea norteña de Santa María Tzejá. Este libro describe las experiencias de los sobrevivientes que se quedaron y de quienes huyeron a México, en donde aprendieron a organizarse y a defender sus derechos. Escrito por Clark Taylor y publicado por Temple University Press en 1998.

Semillas de libertad:
Educación liberadora en Santa María Tzejá, Ixcán, Guatemala

El recuento de este libro inicia en los años setenta, cuando la mayoría de los aldeanos de Santa María Tzejá eran agricultores analfabetas, trabajando en condiciones cercanas a la esclavitud. Para 2010 casi todos los niños de la aldea tienen estudios, con frecuencia a nivel universitario. Santa María Tzejá es un ejemplo, tanto en la teoría como en la práctica, de la educación liberadora y la pedagogía radical de Paulo Freire. Escrito por Clark Taylor y publicado en español por AVANCSO (Asociación para el avance de las ciencias sociales en Guatemala) en 2013.

When the Mountains Tremble
Un filme sobre la lucha de la población maya guatemalteca en contra de una herencia de opresión del estado y extranjera. Se centra en las experiencias de Rigoberta Menchú. Producido por Skylight Pictures en 1983.

Recursos adicionales sobre inmigración

Acting for Immigration Justice/Luchadora por la justicia
Sitio web y blog de Pat Rumer.
https://www.justiceactivist.com

American Friends Service Committee
Una organización que promueve la paz duradera, siendo la justicia su expresión práctica de la fe en acción.
https://www.afsc.org

Borderlands/La Frontera: The New Mestiza
Los ensayos y poemas en este volumen crean un nuevo trazo de lo que entendemos por frontera. La división entre aquí y allá, entre nosotros y ellos, no es simple; es más bien un terreno psíquico, social y cultural que habitamos. Escrito por Gloria E. Anzaldúa y publicado por Aunt Lute Books en 1987.

Border Patrol Nation:
Dispatches from the Front Lines of Homeland Security
Este libro es un llamado de alarma, ya que combina encuentros de primera mano con una investigación cuidadosa para exponer la vasta y floreciente industria de alta tecnología, armas, vigilancia y prisiones. Mientras que los políticos y corporaciones cosechan ganancias considerables, las experiencias de millones de hombres, mujeres y niños se encaminan hacia sorprendentes consecuencias humanitarias. Un libro de Todd Miller y publicado por City Lights en 2014.

Detained and Deported:
Stories of Immigrant Families Under Fire
Este libro muestra, dentro del Centro de Detención Eloy, en un comedor popular de Nogales y en cualquier otra parte, la manera en que las políticas de detención y deportación han ampliado los poderes de la policía, mientras que enriquecen a la industria de las prisiones privadas. También documenta el aumento de la resistencia, haciendo un perfil de los activistas que luchan por los derechos de los indocumentados. Escrito por Margaret Regan y publicado por Beacon en 2015.

Enrique's Journey: The Story of a Boy's Dangerous
Odyssey to Reunite with His Mother
Un libro que ofrece un rostro humano en el debate en curso acerca de la reforma migratoria en los Estados Unidos. Hace un recuento de la jornada de un chico hondureño en busca de su madre, once años después de que ella se ve obligada a dejar a su hambrienta familia para encontrar trabajo en los Estados Unidos. Escrito por la ganadora del Premio Pulitzer Sonia Nazario y publicado por Random House en 2007.

Freedom for Immigrants
Organización dedicada a abolir la detención por inmigración y a poner fin al aislamiento de aquellos que sufren por el sistema. https://www.freedomforimmigrants.org

Guatemala - U.S. Migration: Transforming Regions
Este libro analiza la migración a los Estados Unidos desde un contexto regional, incluyendo a Guatemala, México y los Estados Unidos. Combinando a la perfección múltiples perspectivas sociológicas, incorpora dimensiones de migración en cuanto a género, etnicidad y clase. Escrito por Susanne Jonas y Néstor Rodriguez y publicado por University of Texas Press en 2014.

Pedagogy of the Oppressed

La metodología de Paulo Freire le ha conferido poder a mucha gente empobrecida y analfabeta en todo el mundo. El trabajo de Freire se ha vuelto especialmente relevante en los Estados Unidos y Europa Occidental, donde la creación de una clase baja permanente entre las personas con menores privilegios y las minorías en ciudades y centros urbanos se vuelve cada vez más normal. Escrito por Paulo Friere y publicado por Herder and Herder en 1970.

Storming the Wall:
Climate Change, Migration, and Homeland Security

Este libro hace una crónica del creciente sistema de divisiones militarizadas entre ricos y pobres, entre quienes habitan un medio ambiente seguro y los que están constantemente expuestos. Historias de crisis, avaricia y violencia se yuxtaponen con poderosos ejemplos de solidaridad y esperanza. Escrito por Todd Miller y publicado por City Lights en 2017.

5ta. calle 1-61 zona 1
Ciudad de Guatemala, Guatemala C.A.
Teléfonos: 2220 2956 - 2230 3196
editorialmayawuj@yahoo.com
editorialmayawujgt@gmail.com